Invertir

Una Guía Para La Inversión A Largo Plazo

(Guía Para Principiantes Para Ganar Más Dinero
De Sus Inversiones)

Selim Ceja

Publicado Por David Kruse

© **Selim Ceja**

Todos los derechos reservados

*Invertir: Una Guía Para La Inversión A Largo Plazo
(Guía Para Principiantes Para Ganar Más Dinero De Sus
Inversiones)*

ISBN 978-1-989744-41-3

Este documento está orientado a proporcionar información exacta y confiable con respecto al tema y asunto que trata. La publicación se vende con la idea de que el editor no esté obligado a prestar contabilidad, permitida oficialmente, u otros servicios cualificados. Si se necesita asesoramiento, legal o profesional, debería solicitar a una persona con experiencia en la profesión.

Desde una Declaración de Principios aceptada y aprobada tanto por un comité de la American Bar Association (el Colegio de Abogados de Estados Unidos) como por un comité de editores y asociaciones.

No se permite la reproducción, duplicado o transmisión de cualquier parte de este documento en cualquier medio electrónico o formato impreso. Se prohíbe de forma estricta la grabación de esta publicación así como tampoco se permite cualquier almacenamiento de este documento sin permiso escrito del editor. Todos los derechos reservados.

Se establece que la información que contiene este documento es veraz y coherente, ya que cualquier responsabilidad, en términos de falta de atención o de otro tipo, por el uso o abuso de cualquier política, proceso o dirección contenida en este documento será responsabilidad exclusiva y absoluta del lector receptor. Bajo ninguna circunstancia se hará responsable o culpable de forma legal al editor por cualquier reparación, daños o pérdida monetaria debido a la información aquí contenida, ya sea de forma directa o indirectamente.

Los respectivos autores son propietarios de todos los derechos de autor que no están en posesión del editor.

La información aquí contenida se ofrece únicamente con fines informativos y, como tal, es universal. La presentación de la información se realiza sin contrato ni ningún tipo de garantía.

Las marcas registradas utilizadas son sin ningún tipo de consentimiento y la publicación de la marca registrada es sin el permiso o respaldo del propietario de esta. Todas las marcas registradas y demás marcas incluidas en este libro son solo para fines de aclaración y son propiedad de los mismos propietarios, no están afiliadas a este documento.

TABLA DE CONTENIDO

Parte 1

Introducción

Gracias por descargar este libro sobre **"Inversión financiera."** Espero guiarlo para encontrar y llevar a cabo la mejor opción de inversión. Aquí están las claves que necesita para estudiar desde el comienzo; administración del dinero, su psicología, lectura de diagramas, la acción más adecuada para decidir cómo trabajar, y cómo cuantificar la oferta y la demanda apropiadamente.

No invierta todo su tiempo estudiando o preocupándose por los factores que no puede controlar y sólo haga lo que sabe que está bien. El riesgo en invertir y operar en cualquier bolsa es inevitable, se obtienen beneficios al arriesgarse, así que hágalo, sólo asegúrese de tener un plan de contingencias.

Todo lo que le puedo decir es que Ud. necesita estar preparado y a punto cuando salga al mercado real. Existen profesionales allí que caminarán sobre cadáveres para obtener beneficios y hacer dinero; le aseguro que todos ellos poseen una mentalidad "pisar cabezas." No les importa si Ud. pierde todo su dinero con ellos. No es nada personal, ellos no le conocen, así que sólo es una cuestión de negocios como siempre en el mercado día a día; y ellos son expertos en su propio negocio, ¿me sigue escuchando?

Debe adquirir la educación y el entrenamiento que se requiere y tomarse el tiempo necesario para desarrollar su plan basado en ciertas reglas. También debe estar bajo control antes de dar un paso en el mercado real con el dinero en mano ganado con su esfuerzo. Hacerlo de cualquier otra forma es jugar a la ruleta rusa con un revolver completamente cargado. ¡No podrá ganar y obtendrá FUBAR!

Para ser consistentemente exitoso a largo plazo, tiene que al menos ocasionalmente ganar en una gran transacción. Esto se lleva a cabo con un diagrama diario en un gran marco de tiempo. La obtención de dinero más caudalosa y fácil se logra fuera del marco temporal del día a día. Sé que tal vez no me esté entendiendo bien y al empezar realice una transacción en el día, aunque se dé cuenta que está perdiendo dinero justo al comienzo. Quizás, vuelva a considerar esta sección del libro y la relea.

No importa si es el Mercado de Valores, Forex o futuros mercados; las noticias siempre se anuncian justo al revés de lo que debiera estar haciendo la industria del mercado y el 'dinero lúcido' guía a la 'oveja del rebaño' con la información de las técnicas del rebaño. Como le dije se denomina información para el rebaño, e implica más de lo que sabe como principiante. Los medios de información y la industria del mercado cuentan con los agentes que se inician y los inversores que no hacen la diligencia debida (DD) y cometen el error de comprar alto y vender bajo.

Uno de los peores errores que un inversor o agente puede cometer es invertir basado en noticias o consejos de alguien cuyo cuñado mató por un dato que le dio alguien más en la compañía de acciones XYZ. Puede llegar a funcionar una vez si tiene mucha suerte, sin embargo, lo que más probablemente suceda es que pierda todo su dinero al tomar esa decisión.

A los comentaristas de la tele se les paga para decir eso, que las acciones de la compañía XYZ se comportan de una manera u otra. Piense acerca de ello lógicamente por un momento si así lo quiere. ¿Qué están diciendo los comentaristas?¿Cómo se están cotizando las acciones?

Si la noticia es buena, lo más probable es que las acciones estén alcanzando un área de precio alto en el valor de oferta, donde el 'dinero lúcido' y los profesionales se están preparando para vender al por menor a los 'agentes oveja' que han sido condicionados para comprar alto y están comprando en la cima de la movida.

Por otra parte, si la noticia es mala, lo más probable es que el precio esté alcanzando un área de precio alto en el valor de demanda, donde nuevamente el 'dinero lúcido' y los profesionales se están preparando para comprar al por menor a los agentes que están cometiendo nuevamente los mismos errores una y otra vez al vender bajo donde hay mucha demanda de productos.

Capítulo 1: Oportunidades para hacer dinero

Una vez que uno comience a trabajar bien en su casa, tal vez lamente no haber encontrado antes la oportunidad de hacerlode esa manera. Trabajar en casa otorga tantos beneficios que es increíble que más personas no lo hagan. Sin embargo, no siempre es fácil. Una de las tareas más difíciles es descubrir cuál de las oportunidades de hacer dinero es la mejor para uno.

Un factor crucial que se debe considerar a la hora de evaluar las oportunidades para hacer dinero es que lo que elija lo mantenga interesado y motivado. Muchas personas que han dejado de trabajar en casa lo hacen por aburrimiento. Pensaban que necesitaban el trabajo tradicional para ganar sus ingresos, pero la verdad es que simplemente no eligieron el negocio adecuado que los satisficiera.

Si bien la pasión tiene que ser el factor principal cuando se evalúa una nueva oportunidad, se debe tener en cuenta si va a dar buenas ganancias o no. Ud. debe amar lo que hace, pero también tiene que haber una retribución económica. Haga la investigación y asegúrese que allí está el potencial antes de tratar de alcanzarlo.

Debido al alto riesgo de posibles estafas, también debe permanecer alerta ante cualquier fraude. Todo puede sonar como un sueño, cuando en realidad, hay alguien esperando por Ud.para 'ofrecerle el mejor precio'. Esto no debería desanimarlepara encontrar una oportunidad, pero tenga cuidado y busque la compañía que está detrás.

Ganar un ingreso en casa podría permitirle vivir su sueño. Las oportunidades de hacer dinero están disponibles en abundancia. Sin embargo, antes de ir y arriesgarse con lo primero que se le cruce, asegúrese que es realmente lo que quiere y que puede saciar su ambición financiera. Una vez que comience a trabajar en casa, sólo se preguntará porque no encontró antes esa oportunidad.

Capítulo 2: Mercado de Valores y cómo funciona

Con frecuencia, todos escuchamos noticias sobre el Mercado de Valores; todos sabemos que se pueden obtener o perder fortunas. Pero, ¿cuántos de nosotros realmente sabemos lo que es y cómo funciona? El desarrollo de computadoras personales trae como consecuencia que más y más personas inviertan su dinero, desde casa, en estos mercados. Si quiere convertirse en un inversor es importante, por lo tanto, prepararse en el arte de hacer negocios. Para ser un inversor efectivo, debe aprender lo básico acerca del Mercado de Valores.

El primer Mercado de Valores se remonta al Siglo XVII cuando la pionera Bolsa de Valores de Ámsterdam introdujo la primeratransacción continua. Esto incluía ventas al descubierto, opciones sobre productos, conversión de deuda en capital y banca de inversiones. Actualmente, cada economía desarrollada virtualmente en el mundo tiene su Mercado de Valores.

Entonces, ¿cómo funcionan estos

mercados? Los mercados son los medios a través de los cuales las compañías pueden incrementar su dinero. En pocas palabras, los mercados son las acciones de una compañía que los dueños venden para incrementar su capital. Cuando posees tu propio capital, posees una parte de la compañía. Un dividendo de una acción es aquella porción de las ganancias de la compañía que reparte en forma de acciones. Por ejemplo, si la compañía tiene diez dueños, y logra un beneficio de $100.000 al año, cada dueño recibiría $10.000. En general los dividendos se pagan anualmente.

El valor de la acción subirá o bajará dependiendo de cómo fluctúa el rendimiento de la compañía. Sin embargo, si el precio de las acciones queda por debajo de lo que se las pagó, no perderá dinero a menos que venda las acciones a ese precio. Puede recuperar la pérdida cuando (y si) el valor de las acciones se recupera. Sin embargo, tenga en mente que las acciones NO ofrecen un retorno garantizado. Debe elegirlas cuidadosamente. Tener cierto grado de conocimiento es importante.

Las compañías que quieran vender acciones deben hacerlo públicamente. Esto significa que deben permitir que los inversores (personas que quieran invertir su dinero) puedan comprar sus acciones a través de un mercado abierto, ese mercado esel Mercado de Valores. Hay dos motivos principales por lo que las compañías quieren vender sus acciones. Es una forma que tiene la compañía de incrementar su capital (dinero) para alcanzar sus objetivos, como expansiones o mejoras sin tener que pedir dinero prestado. Las acciones pueden también ser vendidas cuando los dueños quieran reducir la posesión de sus acciones en la compañía y generar dinero líquido para uso privado.

En cada Mercado de Valores se realizan las transacciones de determinadas acciones. En el Mercado denominadoÍndice Industrial Dow Jones,¡sólo 30 accionesforman parte del mismo! De hecho, puedes operar en muchos, muchos mercados y nunca estar afectado por lo que sucede con el Dow Jones. El Dow Jones es muy conocido porque es una de las mayores compañías del mercado.

El Mercado de Valores está compuesto por dos mercados, el mercado primario y el mercado secundario. El primero es donde se ofrecerá la primera venta de acciones por parte la compañía, a un precio base. El mercado secundario, y el más común, es donde se realizan las transacciones de las acciones que las compañías ofrecen públicamente. La mayoría de los inversores tienden a operar através de un corredor de bolsa, sin embargo, cada vez es más frecuente que las personas aprendan acerca delMercado de Valores y lo hagan por su cuenta.

Capítulo 3: Principios básicos para invertir en acciones

El Mercado de Valores es un lugar hiperquinético que tiene gran cantidad de movimiento todos los días. Esta naturaleza variable del Mercado de Valores hace que muchas personas busquenallí otras formas de inversión. Por otro lado, quienes entienden cómo descifrar este rompecabezas pueden obtener resultados realmente favorables. Existen algunos fundamentos básicos sobre inversión en la bolsa que debe aprender o practicar para resguardar sus inversiones.

Fundamentos sobre inversión en acciones seguras para sus activos.

Ahora que ha decidido invertir sus ingresos,dinero ganado con esfuerzo, en el Mercado de Valores donde el mercado fluctúa constantemente todo el tiempo.

¿Cuáles son los fundamentos básicos para invertir en acciones que debe incorporar para tomar decisiones sabias mientras invierte en dichas acciones?

No hacer predicciones acerca del movimiento del mercado.

Por momentos, verá muchos cambios en el ambiente económico del mercado nacional e internacional, que le parecerá como un gran índice para el Mercado de Valores. Esto podría suceder pero no de acuerdo al efecto que Ud. habría anticipado o sobre las acciones donde Ud. ha invertido. Por enésima vez, los comentaristas del mercado han leído, estimado y sugerido que calcular los cambios del mercado bajo la connotación de su lectura es simplemente esperar demasiado, lo que podría costarle grandes pérdidas de dinero.

Poseer acciones para evitar impuestos excesivos.

Los impuestos son la contribución de cada ciudadano responsable, por lo tanto si gana en el Mercado de Valores está sujeto a pagar impuestos gubernamentales. Aunque si decide sabiamente, puede estar exento de pagar impuestos excesivos. Si acumula acciones por un año o más, sus tazas de impuestos bajarán. Pero si es un comprador y vendedor frecuente de acciones, pagará tazas de impuestos más altas.

Diversificar inversiones

De acuerdo a muchos comentaristas sobreinversión; es sabio mantenerse abierto a varias clases de inversión. Además de seguir la pista de los picos del mercado para hoy en la Bolsa de Valores de Bombay, debe mantener abiertas otras opciones de inversión en activos como casas, tierras, oro, etc. Otras opciones que puede explorar son bonos en efectivo, depósitos bancarios fijos, depósitos recurrentes, etc.Cada una de estas opciones tiene buen retorno y con muy poca relevancia con respecto a la inestabilidad del mercado.

Estos son algunos fundamentos muy buenos sobre inversiones en acciones que puede implementar en sus prácticas financieras. Siempre es bueno diversificar las opciones de inversión, de modo que la pérdida en cualquier inversión en particular no le afecte en gran medida.

Capítulo 4: Tipos de órdenes de inversión

Si queremos hacernos cargo de nuestras finanzas al operar en el Mercado de Valores, o si queremos utilizar un corredor de bolsa que opere con nuestro dinero por medio de Internet, es importante saber exactamente qué son las órdenes de inversión.Existen diferentes tipos de órdenes, que nos permitirán tener mayor o menor control sobre las transacciones que hagamos. Estas pueden ser muy simples o complicadas, y pueden restringir la transacción por medio del precio o del tiempo.

La Orden de Mercadoes la instrucción que los clientes les darán a los corredores (o corredores electrónicos) para comprar o vender acciones en el mercado. Y se clasifican de la siguiente manera:

1. Orden Abierta –Esta es la más simple y, lo más probable, la más económica de lasórdenes, es la instrucción para invertir en acciones inmediatamente al precio actual del mercado, sin importar de qué precio se trate.

2. OrdenLímite–Esta es la instrucción que

le dirá a su corredor que compre a un precio menor o igual al precio límite, o venda a un precio mayor o igual al precio límite. Es una orden a precio fijo. Preste atención porque podría tener que pagar una comisión más alta para colocar esta orden que la Orden Abierta, de modo que podría tener más sentido financiero colocar sólo una simple Orden Abierta.

3. Comprar Orden Límite–Esta es una instrucción para ejecutar la compra de acciones sólo al precio límite o menor.

4. Vender Orden Límite –Esta es una instrucción para ejecutar la venta de acciones sólo al precio límite o mayor.

5. Orden válida hasta ser cancelada (GTC en inglés) –Esta es una instrucción que se utiliza en conjunción con otras órdenes, y le indica al corredor que mantenga la orden activa hasta que quiera cancelarla. Es una orden específica para cancelar, y algunos corredores pueden tener límites acerca de cuánto tiempo pueden mantener este tipo de orden abierta.

6. Orden del día–Lo contrario de una GTC y una de las más comunes de todas las órdenes es la Orden del Día, que consiste en una orden de mercado que debe ser ejecutada antes de que cierre el mercado ese día, sino se cancela.

7. Orden cancelada inmediatamente (IOC en inglés) –Esta es una instrucción para cancelar inmediatamente una orden. Estas órdenes permiten una cancelación parcial de la orden en forma inmediata, no necesariamente se tiene que cancelar toda la orden.

8. Orden de ejecución inmediata (FOK en inglés) – Estas son normalmente órdenes límite que deben ser canceladas inmediatamente, y requieren que se cancele todo el monto de la orden.

9. Orden de Suspensión–El corredor colocará una Orden de Suspensión a un precio por debajo del precio de mercado de ese momento.En el caso de que el mercado caiga al nivel de esta orden, la Orden de Suspensiónse convertirá en una Orden Abierta, y el

corredor venderá esa orden. Este tipo de orden lo protege contra las pérdidas. Diferentes tipos de Órdenes de Suspensión seguirán diferentes instrucciones.

10. Orden Tope – Puede ser Orden Tope de Compra que será utilizada para limitar una pérdida en una venta corta. El precio de esta orden siempre estará por encima del precio del mercado actual. Una Orden Tope de Venta dará la instrucción de vender al mejor precio disponible luego de que el precio caiga por debajo del precio tope.

11. Orden Tope-Límite – Esta orden combina una Orden Tope con una Orden Límite, una vez que el precio tope se alcance, la Orden Tope-Límite se convierte en una Orden Límite para comprar o vender al precio límite prefijado.

12. Orden Tope Dinámico – Similar a la Orden Tope, la Orden Tope Dinámico funciona para proteger sus beneficios. Esta orden se tramita con un parámetro tope, como un porcentaje de cambio, el

alza o caída del precio del valor. Cuando se alcanza ese parámetro, la Orden Tope Dinámico se convertirá en una Orden Abiertaque se vende en ese momento. Por ejemplo, la Orden Tope Dinámico se fija en $1.00, la Orden Abierta se activa cuando la acción cae a $1.00. Sin embargo, si las acciones suben, la Orden Tope Dinámico le seguirá, convirtiéndose sólo en una Orden Abierta si cae a $1.00, o cualquier parámetro que se elija. Existe poca variación en la Orden Tope Dinámico, la Orden Límite Tope Dinámico es como la anterior pero en lugar de convertirse en una Orden Abierta al llegar al valor prefijado, se convierte en una Orden Límite. La Orden Límite Tope Dinámico es la orden más flexible posible.

13. Orden cancelada otra válida — Esta orden se utiliza cuando el inversor quiere capitalizar en uno, dos, o más transacciones posibles. Esta orden estará compuesta de dos partes cada una con un conjunto de instrucciones,

las instrucciones que se cumplan primero serán ejecutadas, y el otro conjunto de instrucciones será cancelado.

Todos estos tipos de órdenes también pueden ser colocadas en los Mercados Electrónicos. Sin embargo, estos tienen reglas que establecen prioridades a las diferentes órdenes. La Orden Abierta tiene la prioridad más alta, seguida por la Orden Límite. Por lo tanto, la primera esla preferida en los Mercados Electrónicos.

Capítulo 5: Oferta pública inicial de venta (OPV)

OPV significa Oferta Pública inicial de Venta. Esta es la primera venta de acciones de una compañía al público en general.

A finales de los 90, con el boom del Mercado de Valores, parecía que había una OPV por semana, enriqueciendo a la gente de un día para el otro. Luego de la burbuja del Mercado de Valores que surgió en el 2000, la OPV se volvió menos común, pero todavía aparece alguna en el mercado por año. No son tan visibles como en los 90 pero aún pueden darle beneficios si sabe dónde buscarlas.

Una OPV está disponible cuando una compañía decide vender, por primera vez, algunas de sus acciones al público en general, para recaudar fondos que beneficien a la compañía.La compañía contratará una firma de corretaje para que se encargue de su Oferta Pública Inicial. Pueden utilizar una o más firmas de corretaje, y estas serán las responsables de vender las acciones al público. Cada una de estas firmas tendrá cierta cantidad de acciones para vender. Las firmas de corretaje producirán un folleto de la compañía, que enunciará la información histórica, financiera y del equipo de trabajo así como otros detalles de la compañía. Utilizarán el folleto como una herramienta de venta para interesar a los inversores a que comprensus acciones.

El primer punto de contacto de las firmas de corretaje serán los inversores institucionales cargados de efectivo como fondos mutuos, fondos de cobertura y fondos de pensiones. Luego apuntarán a los clientes ricos quienes pueden afrontar el pago de grandes cantidades de acciones. Estos dos tipos de clientes pagarán el 'precio de oferta' por las acciones que será el precio que la compañía y su firma de corretaje deciden que tendrán las acciones para ser vendidas. En teoría el 'precio de oferta' también es el precio al cual las acciones serán vendidas el primer día que funcione el mercado, sin embargo, no siempre funciona de esa manera.

Es durante ese primer día del Mercado que el público en general tiene la chance de comprar acciones por primera vez. Entonces, como se puede observar, el inversor privado está en el fondo de la pila si se trata de alcanzar la OPV. Si quiere tener una oportunidad para comprar la OPV, tiene que considerar adherirse a una firma de corretaje. Sin embargo, antes de involucrarse tan profundamente, debe realizar algo de investigación y preguntarle a esta firma algunas preguntas, por ejemplo, cuánto dinero hay que invertir para comprar una OPV y cuántas transacciones tiene que llevar a cabo para poder tener acceso e invertir en una OPV.

Una advertencia final, aunque se puede ganar dinero rápidamente en una OPV exitosa, por favor sepa que pueden ser transacciones muy riesgosas. Son inversiones especulativas en acciones nuevas que no tienen historia en el mercado. De modo que si está por invertir en una OPV es importante que elija una adecuada. Debe realizar una investigación y sólo invertir si ya sabe que la compañía que ofrece la OPV está desde hace un tiempo en el mercado o es una compañía muy conocida. No invierta en la primer OPV que vea, tómese el tiempo de investigar y estar seguro de elegir una OPV con los ojos bien abiertos y luego de haber hecho todas las preguntas necesarias.

Capítulo 6: Tipos de opciones

Una opción es un acuerdo entre dos partes implicadas en la compra o venta de activos a un precio determinado en una fecha determinada. Antes de analizar los diferentes tipos de opciones disponibles, miremos rápidamente la información que un contrato de opción debería contener.

Lo primero que un contrato de opción debería especificar es si el propietario de la opción tiene el derecho de comprar (opción de compra) o el derecho de vender (opción de venta).

En segundo lugar, un dato importante a tener en cuenta es la cantidad de activos subyacentes. Por esto entendemos la cantidad y el tipo de acciones que se están comprando o vendiendo.

El tercer dato importante que debe especificarse en el contrato es el precio de ejecución de la opción (el precio que el comprador estaría pagando por el activo cuando la opción se ejecute).

El cuarto punto a tener en cuenta es constatar que la fecha de expiración de la opción figure en el contrato.

El quinto dato que tiene que figurar por escrito será la periodicidad de liquidación, lo que significa que los vendedores establezcan cuando entregarán el verdadero activo o su valor equivalente en dinero.

Finalmente, lo último que tiene que estar incluido en el contrato de opción es el gasto total al que el propietario puede incurrir en relación al vendedor de la opción.

Capítulo 7: Guía de inversión en acciones exitosas

Una buena inversión en acciones es probablemente el procedimiento más confiable que una persona puede utilizar para hacer dinero en forma fácil y rápida. El desarrollo en tecnología probablemente ha hecho del Mercado de Valores uno de los nichos más confiables en los que se puede invertir. Las personas ya no están confinadas al teléfono u otra clase de vías costosas al realizar sus negocios. Internet ha logrado la confianza que los inversores necesitaban para hacer las transacciones en un medio más simple, eficaz y fiable.

Por otro lado, no todos los inversores del Mercado de Valores obtienen lo mejor en este proceso. Sólo los expertos y entusiastas obtienen lo mejor de las inversiones.

Primero que nada, lo que Ud. necesita antes de pensar acerca de adquirir una excelente inversión en acciones es determinar el mercado y aprender más acerca del mismo. El principal motivo del porqué la mayoría de las personas no siempre son exitosas en este mercado lucrativo es consecuencia de invertir sin pensar en detalle. Entrenarse en profundidad y adecuadamente en el nicho elegido es la clave para lograr una inversión confiable. Tiene que observar las fallas comunes de los accionistas e ingeniárselas para evitarlas. Esto ayuda a evitar fallas peligrosas que pueden llevar a quedarse fuera del negocio en un período corto. La clave para hacer esto en el Mercado de Valores es adquirir información constantemente.

El segundo paso es buscar un agente confiable en el mercado. Los corredores son la herramienta clave que le asisten en cosechar los mejores frutos de la inversión. Cuando el precio del corredor es alto, lo más probable es que los beneficios producidos no sean de confiar. De igual modo, cuando no se puede confiar en el agente o está inactivo, la eficacia del negocio no será valiosa. Por lo tanto es importante buscar los servicios de un agente excelente para obtener buenas ganancias de las inversiones en el Mercado de Valores.

Un factor esencial que influye en la efectividad de las inversiones es pensar detalladamente, muchas personas fallan en alcanzar beneficios de una buena inversión porque no se organizan adecuadamente. Invertir en el Mercado de Valores no es muy diferente que manejar otras empresas. Se debe planificar en forma completa, y se deben crear juicios de valor adecuados para alcanzar el mejor resultado posible. Carecer de este discernimiento encamina a numerosas inversiones en la industria actual hacia la posterior quiebra. Los ingresos generados por el negocio tienen que resguardarse en una cuenta bancaria aparte. Esto se hace para identificar el rendimiento, la única parte que uno puede obtener es la ganancia; lo restante continua siendo del negocio que debería ser auto-sostenible.

Por último, se debería tener precaución para las buenas inversiones. Cada organización en particular tiene sus cuestiones específicas y también lo tienen sus activos y acciones. Muchas personas parecen manipular a agentes desesperados para sacarles su último céntimo. Consecuentemente es importante tener precaución al realizar cualquier inversión. Hasta el mejor agente necesita ser elegido y que se le permita crear la inversión cuidadosamente. Siempre es grandioso invertir una cantidad manejable cuya pérdida no signifique un desequilibrio financiero irremediable. El tiempo es la mejor inversión que uno le puede dar a una inversión en acciones para que sea confiable.

Capítulo 8: Rasgos clave inolvidables del emprendedor exitoso

Muchos emprendedores están teniendo éxito en sus negocios porque compartenrasgos claves que les permiten lograr ese éxito. Mientras se les pregunta a muchos emprendedores exitosos por sus secretos para tener éxito, lo más probable es que se le note más en su actitud. No necesariamente existe un secreto excepto tener una actitud positiva para lograr definir lo que se necesita para que un negocioprospere. La idea de manejar negocios se ha alterado a lo largo de los años,tanto en su definición como en sus etapas.

Con la ayuda de una tecnología avanzada podemos disfrutar en estos días de otra manera. Internet es una tecnología y una herramienta vital que nos rodea a todos. Las computadoras e Internet nos proporcionan la libertad de crear mensajes on-line, servicios y páginas web. El sistema telefónico también mostró mucho avance; se ha transformado y se ha vuelto más eficiente. De hecho, en estos días, hay un uso extensivo del fax, mensajes de voz y teléfonos celulares.

Estas tecnologías han probado ser beneficiosas y son herramientas esenciales que mantienen un flujo equilibradoen los negocios en general. Pero la mentalidad positiva de la persona es un factor importante que no puede ignorarse ni reemplazarse. Es una positividad que resulta contagiosa y puede sostener un negocio a largo plazo.

Quienes ingresan al mundo emprendedor deben distinguir estos puntos. Los nuevos emprendedores deben tener claros sus objetivos. Se deben definir los objetivos en la etapa inicial,al comenzar un negocio. En otras épocas, un principiante debía ser dedicado, disciplinado y bien educado para sostener los objetivos a futuro. Invertir en el desarrollo personal y en las propias habilidades les ayuda a fortalecer esos rasgos positivos. Quienes no pueden enfrentar comprar algo y mantenerlo en el tiempo deberían encontrar un mentor en la industria a quien seguir.

La toma de decisiones reside en las manos

del emprendedor de modo que debería entender que ellos son quienes controlan. Una vez que fijó sus objetivos, el principiante puede luchar, aprender las técnicas de organización, disciplina y correr sus riesgos. Quienes estén ingresando en el campo del emprendedurismo deberían evaluar sus fortalezas y debilidades. No se debería ser demasiado confiado en las propias habilidades.

Los emprendedores deben tener habilidades para reconocer muchas oportunidades diferentes a medida que van surgiendo. Todos deben continuar buscando los momentos oportunos y las ideas que funcionarán en el competitivo mercado actual. Una vez que encuentra y obtiene la oportunidad, debe atraparla y sostener al toro por las astas para obtener lo mejor de ella. Es inevitable tener competencia en el negocio, pero el ganador se determina por la perseverancia de quien alcanza sus objetivos.

Los emprendedores deben saber efectivamente cómo lidiar y tener conocimiento general de las cuestionesrelacionadas a su quehacer, incluyendo finanzas y presupuesto. Si quiere divertirse en cualquier emprendimiento es importante entender que la resistencia y el crecimiento son las claves. Los emprendedores son conscientes de la necesidad de utilizar las palancas y obtener ayuda cuando se la necesita. No hay un 'superman' que no necesita la ayuda de los demás. Si quiere ser feliz en los negocios, aprenda a hacerlo; luego, enséñele a otros a hacerlo por Ud. El objetivo primordial es hacer que su dinero se mueva para Ud. en lugar de controlar todo en forma excesiva.

Capítulo 9: Estrategia de salida de un mercado

En la mayoría de los casos ya existe un sistema que puede ayudarle a encontrar una gran opción de inversión, también ya estaría calculada la pérdida máxima, para estar en el lado seguro. En pocas palabras, esto significa que Ud. ya debería saber de antemano cuando es el mejor momento para salir de un mercado para no incurrir en muchas pérdidas monetarias. Porque muchos agentes se arriesgan lo suficiente para permanecer en un mercado tanto tiempo como se quiera, o pueden predecir alejarse un tiempo y comenzar luego obteniendo los beneficios que esperaban. Si aún no está seguro que puede hacer esto, determine un máximo de pérdidas.

Estas salidas son denominadas topes en la jerga del Mercado. Hay dos tipos de topes. El tope inicial, y luego está el tope dinámico.

Para definir el primer tipo de tope, el tope inicial es el punto donde Ud. se saldrá delatransacción porque sabe que si continua seguirá a un ritmo de pérdida en ese mercado. Si Ud. quiere hacer la diferencia, también necesita algo de humildad de su parte porque tendría que admitir que está perdiendo en esa transacción o mercado y ese sería el momento de cambiar de barco. Es por esto que los topes son necesarios para su estrategia de salida de ese mercado.

El tope dinámico se establece casi de la misma forma que el tope inicial; basado en indicadores, porcentajes y técnicas. Este tope se calcula desde el precio más alto cuando Ud. ingresa en un negocio. Lo que esto significa es que su punto de salida o tope no está dado a un precio fijo como el tope inicial, cambia y se mueve a medida que cambianlos precios del mercado. El sistema Nicolás Darvas enseña cuándo y cómo establecer un tope para no sufrir tantas pérdidas.

Lo que hace que el tope dinámico sea un poco confuso o difícil de manejar y definir es que Ud. necesita encontrar un equilibrio entre el punto al que aún no ha llegado para obtener beneficios y el punto en que necesita irse de ese mercado. De otro modo, ya sería muy tarde cuando Ud. al fin decidiese irse.

Por otro lado, la gran parte del tope dinámico es que Ud. puede tomar ventaja de la tendencia tanto como dure lo que se esté dando a su favor. De esta manera estaría minimizando sus pérdidas, aún si sólo obtiene pocas ganancias debido a la tendencia que tiene el mercado.

Cada estrategia de negocios de mercado le enseñaría la importancia de tener estos topes establecidos previamente. Antes de que se convierta en activo en el mercado o en algún negocio, tendría que predefinir sus topes para evitar muchas pérdidas debido a sus actividades. De otro modo, cuando fuera momento de dejar un mercado, no tendría una idea real de cuando sería el mejor momento para hacerlo.

Recuerde tener siempre una estrategia de salida de mercado, especialmente si Ud. está recién comenzando en el campo del corretaje. Aún los grandes agentes como Nicolás Darvas entienden la importancia de estas salidas. Mantenga en mente que los mejores agentes siempre saben cuándo dejar un mercado para vivir y pelear otro día.

Capítulo 10: Herramientas para operar con acciones

Es obvio que se puede ganar dinero invirtiendo en acciones. Mucho tiempo antes que Ud. lea este libro, ya ha habido muchas personasque han disfrutado de abundancia y éxito por esta vía. Sin embargo, antes de comenzar a explorar esta vía e invertir en acciones debe saber que existen varias herramientas importantes.

- Corredor de Bolsa

Si Ud. recién ha comenzado a jugar con la idea de invertir en acciones es importante que se dé cuenta a tiempo que necesita un corredor de bolsa. Simplemente no se puede lograr mucho si no se tiene uno. Los únicos que pueden colocar cualquier acción son los corredores, así que busque uno bueno antes de ingresar en este sistema.

La vía para invertir en acciones y ganarse la vida sería extremadamente fácil si sólo pudiera encontrarse con cualquier corredor y listo. La cuestión reside en que necesita decidir correctamente para lograr buenos beneficios, y Ud. será en última instancia el responsable de su decisión, la elección de su corredor aún puede hacer mucha diferencia. Si siente que necesita buenos consejos constantemente, tal vez quiera contratar a un corredor que ofrezca un servicio completo. De otro modo, un proveedor de servicios con un plan de descuento sería la mejor opción para Ud.

• Paquete de programas para diagramar
Aún si nunca ha realizado una sola transacción en su vida tiene que saber que necesita un paquete de programas para seguir adelante. En esta era, cada persona que ha ganado dinero invirtiendo en acciones ha utilizado esta herramienta tecnológica.
Seleccionar un programa adecuado puede ser confuso debido a que existen muchas opciones. Generalmente, los mejores programas son los que circulan y se venden, y si hay alguno que funciona hace diez años es mejor que los quefuncionan hace tres años. Esto significa que cuanto más tiempo lleva en el programa en el mercado mejor; principalmente porque los

usuarios, a través de los años, han probado que funciona y otorga calidad. Más aún, si tiene muchos usuarios puede encontrarse con más personas que sepan, ya que puede consultar a los usuarios actuales si no encuentra respuesta a sus dudas en el manual del usuario al tratar de implementarlo.

- Plan de inversión bursátil

Sin duda, el factor más importante al invertir en acciones para generar ingresos vitalicios es un plan o sistema que funcione óptimamente. Sin un claro plan a seguir, su programa y su corredor no podrán hacer nada. Como el término lo sugiere, un plan de inversión es simplemente uno que pone orden a sus decisiones. Con un buen plan, se supone que Ud. confina sus pérdidas dentro de límites aceptables y maximiza su potencial de ganancias, así Ud. puede detectar puntos de entrada y salida apropiados.

Algunos planes están disponibles para comprar y utilizar online. Aunque es más ventajosocrear un plan diseñado específicamente para Ud. Un sistema a su medida es mejor porque es el único que encajará con su estilo y sus preferencias, ya que corresponderá perfectamente a su nivel de tolerancia a las pérdidas. Adherirse a un plan prefabricado lo pone en riesgo de tener que aceptar a la fuerza los límites que alguien más haya establecido.

No puede ganarlo todo invirtiendo en el Mercado de Valores, y antes de meterse en el juego debe asegurarse que dispone de todo lo que le ayude a tener éxito. Interiorice estas tres herramientas antes de realizar cualquier transacción.

Capítulo 11: Dupliquesu dinero en el Mercado de Valores

Cuando Ud. invierte en el Mercado de Valores, puede ganar dinero de dos maneras. Las compañías pueden elegir pagar dividendos a sus accionistas, estos dividendosforman parte del ingreso neto de la compañía con loscuales se les paga a los accionistas de la misma. Por ejemplo, pueden decidir pagar 25 centavos por cada acción que posea en un cuatrimestre, esto significa que si posee 100 acciones, la compañía le pagará $25. Se suele pagar los dividendos cuatrimestralmente y no es requisito que se pague cada cuatrimestre o todo a la vez.

También se puede hacer dinero a través de la obtención de capital cuando se poseen acciones. Si Ud. posee 100 acciones del mercado que compró en principio a $5 cada una y pagó un total de $500 y el precio sube a $8 por acción y Ud. la vende por un total de $800, habrá obtenido un capital de $300.

Básicamente es así como funciona, extremadamente simplificado. Si las acciones se venden a $5 y se han vendidoo colocado 100.000 acciones, el precio permanecerá igual porque se está ofreciendo la cantidad exacta de demanda que cuesta $5. Si hay 100.000 acciones para la venta y se han vendido o colocado200.000acciones, el precio subirá porque la demanda ha superado la oferta. Hay más personas queriendo comprar que las que quieren vender. Por lo tanto, el precio debe subir en forma acorde. Si hay 100.000 acciones a la venta, y se han vendido o colocado 50.000 acciones, el precio debe bajar para que más personas compren lo que falta.

Pensemos un ejemplo en otro ámbito que no sea el mercado. Si el departamento de una tienda está vendiendo 30 pantalones de jeans a $50 cada uno y sólo venden 10 pantalones luego de una semana, necesitarán bajar el precio. El precio es demasiado alto para que la gente lo adquiera, de modo que al bajar el precio más personas podrán adquirir ese pantalón y estarán dispuestos a pagar por ello.

Si sólo ponen a la venta 15 de 30 pantalones y todos se venden por pocos dólares, para no quedarse sin reserva pueden subir el precio de oferta para que la demanda baje. Más importante aún, estarían generando mayores ganancias. Lo mismo sucede con las acciones, a medida que la demanda sube el precio también y Ud. podrá ganar más dinero.

Conclusión

Hay mucha información acerca de las inversiones de mercado, si fuera un área que le gustaría explorar por sí mismo, uno de los primeros puntos que debería establecer desde un comienzo es en qué quiere invertir. Afrontarlo es el único camino que puede tomar y dar el paso correcto para aislar los mejores recursos y ayudar en un buen comienzo.

Existen muchos mercados que son grandiosos para los inversores. Entre las mejores opciones de inversión se encuentran las acciones, las opciones de mercado, CFD (Cooperación para el Desarrollo), productos básicos y divisas. Si observa donde están los mayores inversores podrá ver que tienen inversiones en dos o tres mercados. No debería seguir esos pasos cuando comienza.

Tendría que pensar que las mejores inversiones son las que están diversificadas. Lo más probable es que piense que cuanto más diversa es su cartera de negocios, hay menor riesgo de pérdida. Esto podría sonar lógico al principio ya que diferentes mercados tienen diferentes niveles de riesgo. Sin embargo, existe una fisura en este razonamiento ya que, comprensiblemente, Ud. no será capaz de ganar excelencia sobre ningún mercado.

Aclaremos las cuestiones, invertir puede tornarse complicado sin importar en qué mercado se encuentra. Necesitará aprender muchos términos y procesos técnicos. Más aún, también necesita desarrollar su instinto para detectar buenas transacciones, lo que implica que necesitará mucho tiempo y esfuerzo para aprender los pros y los contra de un mercado solo. Una vez que esté involucrado en inversiones bursátiles más amplias podría perder todo lo que tiene porque no tendrá el nivel de habilidad y conocimiento necesario para seguir adelante.

Lo que debería saber es cuál mercado es el ideal para comenzar. Lógicamente, debería comenzar aprendiendo sobre los límites en el mercado en el cual se sienta más a gusto. Encontrará cuál mercado es ese si comienza a leer acerca de cada uno para sentir cuál es el que le resulta más fácil de aprender y comprender.

Muchos especialistas resaltarían que el camino más simple es invertir en acciones primero. Obviamente, esto no significa que realizar transacciones es simple. Entre todos los mercados, el Mercado de Valores es el caso más claro. También, encontrará que hay muchas fuentes excelentes para acceder y utilizar. Hay más que un puñado de herramientas y referencias de expertos que puede aprovechar que le ayudarán a invertir en acciones de la mejor forma posible.

A su vez, existe poco riesgo en el Mercado de Valores que en otros mercados. Entienda que nadie está exento de la posibilidad de perder mucho en este mercado. Sin embargo, los agentes del Mercado de Valores pierden menos que quienes arriesgan en otros mercados e invierten la misma cantidad de dinero. Esto se debe a que las acciones, no como otras divisas, no se compensan. Tenga en cuenta que otros activos que están más compensados pueden otorgar beneficios inmensos para pequeñas inversiones pero también presentan el riesgo de grandes y rápidas pérdidas.

El secreto real de una riqueza abundante está en las transacciones de inversión, sólo puede obtener grandes ganancias si se asegura de elegir bien el mercado. No opere con todo lo que existe. Establézcase en sólo un mercado y perfecciónese en el mismo.

Gracias por descargar este e-book. Tengo la firme creencia que le ha proporcionado las respuestas a sus preguntas sobre Inversión.

Parte 2

<h1 style="text-align:center">Introducción:</h1>

¿Qué es invertir?

Habrás escuchado el término "inversión" anteriormente, pero no estarás seguro de lo que conlleva. Inversión es una manera de ganar dinero que se produce a sí mismo; es una manera de superar los límites de lo que un empleado asalariado puede proveerle a usted. A través de la aplicación cuidadosa de los principios detallados en este libro, usted aprenderá a que su dinero vaya más allá.

Una forma de pensar en inversión es haciendo que el dinero que gana de un día de trabajo funcioné para usted durante la noche.No es un concepto difícil de entender: usted le provee dinero a alguien que tiene su propio negocio, cuando ese negocio genere lucro, usted recibirá ganancia por su contribución y un poco más. Usted está poniendo a trabajar su dinero para usted mismo.

Piénselo de esta manera: hay solo ciertas horas en las que usted puede trabajar en un día y es incapaz de ganar un salario más alto por esa misma razón, por eso, es casi imposible ganar más riquezas de esa manera. Solo invirtiendo puede construir su riqueza porque incrementa su habilidad para ganar dinero incluso sin que usted tenga que trabajar.

La clave está en que usted debe decidir a quién quiere proveerle fondos y de qué forma. Las inversiones necesitan de muchos cálculos y sopesar el riesgo sobre la recompensa. Lo que usted no quiere es arriesgarse con sus inversiones, usted quiere tomar decisiones informado; sin embargo, no es necesario contratar a profesionales para que tomen la decisión por usted; con tiempo y estudio, puede aprender sus propios trucos sobre este oficio.

Invertir es una forma de prepararse para el futuro, es como una jubilación con beneficios "sobre la tabla de cortar" de países de todo el mundo. La inversión no interesa solamente a aquellos que buscan ganar riquezas, sino también a las personas regulares a las que les gustaría vivir en los estándares a los que han llegado durante su vida de empleados.

Invertir significa guardar para el futuro y restringir el consumo; con el fin de generar más bienes usted necesita seguir un plan financiero. Las inversiones no generan grandes riquezas de la noche a la mañana, es un proceso que requiere dedicación, entender las bases de la inversión le ayudará a desarrollar un plan financiero que necesita seguir para ganar más dinero por medio de sus inversiones.

Las inversiones requieren de considerables recursos y dedicación; para obtener más del dinero que invierte, usted tiene que estar dispuesto a monitorear los mercados y hacer sus investigaciones cuidadosamente. Por suerte, hay formas de invertir que se ajustan a casi todos con la disposición de dar los fondos iniciales, sin importar si usted es cauteloso y adverso a los riesgos, o aventuro y atrevido, joven o adulto, interesado en involucrarse profundamente o feliz de que alguien más tome las riendas, hay un camino a seguir que se ajusta a todo tipo de persona. Este libro le proveerá la comprensión básica, el conocimiento del vocabulario para iniciarlo y hará que se sienta cómodo en el mundo de las finanzas.

Antes de que empiece a invertir, hay algunas cosas que debería considerar y que son importantes para que sea un inversor exitoso. Dentro de la carrera como inversor son importantes los factores como su salario de empleado, cobertura del seguro, falta de deudas o el manejo del pago de deudas y los ahorros de emergencia. Es importante estar preparado para el peor de los escenarios, sus ahorros de emergencia deben ser capaces de cubrir sus gastos de 3 a 6 meses. En el caso de que usted pierda su fuente de ingresos y que quiebre el mercado, será necesario que utilice el recurso de vender sus inversiones en el peor de los momentos, la cual es una posición en la que no querrá encontrarse. Las inversiones requieren de un buen sentido del dinero, así que persígalas con eso en mente.

Una de las llaves para empezar sus inversiones es eliminar sus deudas. Usted no podrá avanzar y enfocarse en sus inversiones si está tratando de pagar los intereses de sus préstamos. Solo cuando tenga un valor neto neutral a positivo tiene sentido empezar a invertir; las deudas juegan un rol importante en las inversiones, pero solo si no es su deuda personal.

El éxito de sus inversiones depende de su meta financiera definitiva. Una de las ambiciones más básicas de las personas que empiezan a invertir es para su jubilación; sin embargo, usted puede tener otras metas en su horizonte, por ejemplo, financiar la educación de sus hijos. También puede ser que decida invertir en bienes raíces, en ese caso su plan financiero deberá acomodarse a esos aspectos de su vida. También podría iniciar con las inversiones más adelante en su vida, en ese caso, usted deberá ajustar y manejar sus inversiones para eso. Cuando usted comience con las inversiones deberá considerar si está buscando una inversión activa o pasiva. Inversiones activas requieren considerablemente más esfuerzo y habilidad; inversiones pasivas buscan más ganancias a largo plazo.

Bases de la inversión

En esta sección veremos algunos fundamentos de la inversión, esta es una vista general de las herramientas a su disposición para invertir. Cuando hablamos de inversión el concepto es bastante obvio; sin embargo, cómo sucede realmente es menos claro. Usted tiene a disposición varios vehículos para invertir su dinero, las acciones, bonos y equivalentes de efectivo conforman tres de las principales clases de activos; más allá de eso, hay más vehículos para invertir que le servirán en su carrera.

Acciones

Las personas están más familiarizadas con este tipo de inversión. Las acciones son valores que representan posesión en una corporación específica, por lo tanto, son una forma de poseer seguridad. La seguridad es la prueba que se presenta usualmente en un certificado al que se le asigna un valor y que puede ser vendido o negociado. Para la corporación en sí, es el capital ganado tras distribuir las ganancias a compradores que tienen parcialmente participación en cómo manejar la compañía y que pueden lucrarse de eso. La corporación vende las acciones en forma de porcentaje de propiedad, con propiedad en una compañía usted podría tener garantizado opinar cómo ésta se manejará, dependiendo de si tiene acciones comunes o acciones preferentes.

Usted gana dinero de sus acciones a través de los pagos a los accionistas llamados "pagos de dividendos". Un dividendo es una porción de lo que ha ganado la compañía que es distribuido a los accionistas, puede ser emitido en pagos como acciones, pero también puede manifestarse como pagos en efectivo o en la forma de otra propiedad.

Si usted decide que ya no quiere ser accionista de una compañía puede vender sus acciones. Si la compañía ha sido rentable podrá hacer dinero vendiendo sus acciones a un valor mayor al que tenían cuando las compró. Las acciones también pueden ser intercambiadas en el caso de que alguien esté interesado en sus acciones y usted desee las acciones que esa persona tiene; estos intercambios son coordinados por corredores de bolsa.

Tipos de acciones:

-Ingresos: Grandes dividendos pagados por la compañía, pero tienen poco crecimiento con el tiempo.

-Crecimiento: Mucho potencial en términos de crecimiento y ventas de la compañía, pero los dividendos no son altos (el dinero es invertido de nuevo en la compañía, esto significa que usted revende potencial, sin embargo, puede ser mejor).

-*Blue-chip* (chip azul): Grandes compañías con un historial financiero confiable.

-Especulativo: Compañías con un historial

financiero poco confiable..

-Ciclico: Ingresos de las compañía que reflejan fluctuaciones naturales en la economía.

-Defensivo: Compañías que cambian un poco en respuesta a las fluctuaciones del mercado (por ejemplo proveedores de calor y electricidad).

Si te preguntas cuál es el mejor tipo de acciones para comprar, la respuesta no es tan sencilla. Idealmente, usted podría poseer diversos tipos de acciones, para que una sola inversión pueda balancear y compensar los riesgos que no se asumieron y que pudo haber asumido. Esto se tratará más adelante en la sección de Cartera.

Cuando las personas piensan en inversiones y finanzas, piensan en acciones, esto es porque históricamente las acciones han sido capaces de proporcionar el mayor retorno de la inversión. El primer lugar al que debes ver, si estas buscando ganancias máximas, es el de las acciones; sin embargo, es importante tener en cuenta que las acciones tienden a ser riesgosas, dependiendo del mercado y el estado general de la economía, el valor de sus acciones puede elevarse un día y desplomarse al siguiente.

Otro de los aspectos a considerar con las acciones es su capital de mercado, este término se refiere al valor de las acciones en circulación de una compañía, generalmente revelan el tamaño de una compañía, lo que influye las características que usted como inversor le interesa.

No todas las acciones son iguales; para compañías con gran capital de mercado, *estabilidad* es el nombre del juego, mientras que compañías con pequeño capital de mercado no están bien establecidas, pero pueden ofrecer un mejor crecimiento potencial. Acciones de gran capital son más confiables en crisis financieras y tienden a ofrecer pagos de dividendos, cómo usted decida asignar sus acciones dependerá de sus metas definitivas.

Las acciones son formas de poseer inversiones. Otras formas de poseer inversiones incluyen bienes raíces y negocios, pero requiere de una gran cantidad de capital inicial, por lo que no serán explorados en esta guía.

Bonos

Las acciones tratan de poseer parte de una

compañía, mientras que los bonos son préstamos a la compañía, es una forma de contrato, la persona que emite el bono toma su dinero y a cambio se le pagan intereses sobre el dinero que usted prestó.

Los bonos operan en un horario, el poseedor del bono recibe una cantidad de dinero fija dentro de un tiempo determinado. Los bonos son una forma de deuda de seguridad, el término "deuda" podrá generar algunas preguntas en su mente, las deudas no siempre son equivalente a algo negativo, de hecho, las deudas son necesarias para la operación de mercados financieros y deben ser usados con el fin de obtener lucro.

En las inversiones usted usará el instrumento de la deuda, así como los bonos, porque son saludables para el mercado. Al invertir su dinero con bonos en una compañía, esencialmente la compañía promete pagarle de regreso con intereses, en situaciones con deuda, usted será usado para pedir prestado a otros; con bonos usted se convierte en el prestador y la compañía es el prestatario.

El valor de un bono, su valor nominal o inicial, es generalmente alrededor de $1,000.00

dólares por cada uno. Usualmente, la compañía le pagará los intereses sobre su capital cada dos años a una tasa específica, a esta tasa se le llama "cupón". Significa que en un bono de $1,000.00 dólares con un cupón de 5%, usted terminará con $50.00 dólares por cada pago, por un total de $100.00 dólares, debido a que tiene garantizado el pago en un horario fijo, a los bonos se les denomina como ingresos de seguridad fija.

El cupón de un bono está determinado por dos factores: la cantidad de tiempo que requiera para ser pagado, también conocida con el término calidad crediticia (CD en inglés).

La calidad crediticia describe la capacidad del emisor de pagarle en el horario. Los bonos tienen calificaciones que indican su calidad crediticia. Los bonos de baja calidad crediticia tienen cupones altos, así los inversionistas son recompensados por tomar el riesgo de que el emisor no sea capaz de realizar los pagos.

Aunque los bonos poseen riesgos, generalmente son vistos como más seguros que las acciones porque el emisor está legalmente obligado a pagarle; sin embargo, si el emisor fuera declarado en bancarrota, esta obligación se pierde; por lo que los bonos tienen un rendimiento más bajo que las acciones.

Los bonos a largo plazo tienen cupones que pagan más para dar cuenta del riesgo de que las tasas de interés aumenten antes de que los bonos puedan vencer. Los bonos suelen vencer después de 20 años o menos.

Las variedades básicas de los bonos son: bonos corporativos, bonos municipales y bonos federales.

Los bonos son la forma de prestar inversiones. Otra forma de prestar inversiones es el certificado de depósito, con éstos, esencialmente, usted está prestando su dinero al banco en el que usted deposita y se le emite un pagaré; usted accede a mantener el dinero que deposito en el banco por un periodo de tiempo determinado, donde adquirirá más altos intereses que los que obtendría en una cuenta de ahorros normal, usted estará obligado a pagar una tarifa si desea retirar sus fondos antes de la fecha acordada.

Equivalentes de Efectivo

Estos activos pueden convertirse en efectivo

relativamente fácil; no así como las acciones y bonos que están limitados a mercados y contratos respectivamente, están los de bajo riesgo, y como tal, tienen un bajo rendimiento. Los equivalentes de efectivo son importante para los inversionistas porque tienen un retorno de la inversión garantizado y son una buena forma de mantener su cartera diversa y segura.

Los certificados de depósitos son considerados equivalentes de efectivo, así como las cuentas de ahorro, de cheques y cuentas de depósito del mercado monetario. También son equivalentes de efectivo las Letras del Tesoro emitidas por el Gobierno Federal, cuando usted invierte en una Letra del Tesoro, el gobierno de los Estados Unidos está en deuda por un corto periodo de tiempo, menor a un año; al contrario de los bonos, usted no recibe un cupón, sino que las letras de tesoro recolectan intereses.

Fondos mutuos

Los fondos mutuos son piedras de tropiezo para muchas personas que comienzan sus carreras como inversionistas. Son relativamente fáciles de conseguir ya que muchos bancos tienen sus propias líneas de inversiones mutuas. Es una recolección de dinero que es manejada por inversionistas profesionales, es un vehículo de inversión que trata con valores como los que se mencionaron anteriormente. Las personas que buscan involucrarse en la inversión, acumulan su dinero a través de esas organizaciones y los fondos se invierten de forma colectiva.

La mayoría de los fondos mutuos requieren de un mínimo de inversión, pero terminan siendo más baratos a largo plazo, porque con un mayor fondo de seguridad para operar, el costo del comercio es más bajo. Los fondos mutuos invierten tanto en las acciones como en bonos que usted tenga, permite que inversionistas pequeños participen y contraten diversas carteras que son manejadas por profesionales. Cada persona con acciones en el fondo mutuo obtiene beneficios o pérdidas en proporción a la cantidad de acciones que posee.

Los fondos mutuos son particularmente útiles para aquellos que quieran involucrarse en inversiones pero no tienen el tiempo para hacer consideraciones serias e investigar. Con un profesional manejando la cartera con recursos tecnológicos a la mano, los fondos mutuos son una excelente opción para aquellos interesados en inversiones pero no tienen mucho tiempo para organizar su cartera por sí mismos.

Los fondos mutuos también son ventajosos porque pueden ser relativamente baratos al comprar acciones si se compara con otras opciones de inversiones. Esto particularmente es cierto porque los fondos mutuos permiten que usted tenga acciones en diferentes carteras sin que usted tenga que invertir personalmente en diferentes compañías, es la manera más económica de tener diversas inversiones. La importancia de tener diversas carteras será abordada más adelante.

Los fondos mutuos vienen con algunas tarifas, éstas se cobran simplemente para cubrir los costos de operación y administración y están determinadas por un índice de gastos. Los fondos mutuos están manejados activamente, lo que significa que son personas los que están decidiendo sobre cómo manejar los fondos basándose en sus propias investigaciones y en su propio juicio.

Los fondos mutuos pueden cargar esas tarifas al momento de la compra, lo que se llama "cargo frontal", o al momento en que las acciones son vendidas, lo que se llama "cargo trasero". Muchos bancos ofrecen acceso a fondos mutuos sin cargos, usted puede encontrar que, especialmente sobre la diversificación de su cartera, un fondo mutuo es la opción más rentable porque la inversión inicial es muy baja.

Intercambio de cotizaciones

Los Intercambios de Cotizaciones (ETF en sus siglas en inglés) pueden ser tratados como acciones, pero funcionan en principios como fondos mutuos; sin embargo, a diferencia de los fondos mutuos, los intercambios de cotizaciones son manejados de forma pasiva, lo que significa que en vez de ser manejados por personas, su actividad es determinada por los índices del mercado y sigue los principios de las hipótesis del mercado eficiente.

En los intercambios de cotizaciones no posees directamente los bienes (esto los convierte en activos subyacente), pero la propiedad de estos bienes se divide en acciones.

A diferencia de los fondos mutuos, los intercambios de cotizaciones pueden ser tratados como acciones, por esta razón su valor es calculado varias veces al día en vez de una sola vez. El índice de gastos para los intercambios de cotizaciones es más bajo que el de los fondos mutuos.

Cartera

Al conocer la variedad de vehículos de inversión que tiene disponible como inversor, querrá entender por qué las inversiones se ven en un nivel holístico. A esto se le llama cartera. Su cartera es el grupo general de sus bienes, puede poseer directamente una cartera, así como puede ser manejada por un profesional. Es importante que su cartera tenga inversiones apropiadamente asignadas para un mejor posible reintegro. Su cartera tomará tiempo de ser elaborada y deberá ser estructura según su meta financiera definitiva.

Riesgo

Cuando usted invierte corre cierto riesgo de no obtener un buen reintegro de su inversión, o peor aún, perder su dinero en una inversión.

Cuando usted es un inversor hay dos tipos de riegos que puede anticipar: los riegos no diversificables son aquellos contra los que no se puede proteger, también denominados "riegos sistemáticos o riesgos de mercado". La inflación, cambios y tasas de intereses, guerras, inestabilidad o desastres naturales son algunos ejemplos de factores que pueden causar un riesgo de mercado.

Los riegos diversificablesson aquellos que puede reducir; al contrario de los riesgos no diversificables, este tipo de riesgo es especifico de la industria, el mercado y de las compañías en que invierta. Estos están sujetos a las condiciones del negocio y las finanzas. Invertir en diferentes mercados lo protegerá del peligro de quedar arruinado de una sola vez.

Los riesgos es algo que como inversos debe considerar cuando elija cómo y por qué invertir, y cuándo decida cuál será su estilo de inversión. No es algo para que se desanime, pero es la razón por la que usted necesita informarse sobre las especificaciones del mercado y las industrias en las que está buscando involucrarse. Esta es la parte por la que para muchas personas invertir es un compromiso intimidante; por eso se realizan investigaciones para encontrar inversiones que valgan el riesgo.

La tolerancia al riesgo es una decisión personal. Describe las posibilidades de pérdida que un inversor está dispuesto a tomar, lo contrario a esto es que también describe la recompensa potencial que tiene.

Hay muchas variables que envuelven el riesgo de una inversión; si usted es tolerante al riesgo, significa que está dispuesto a aportar una gran cantidad de fondos para potenciar grandes ganancias y alternadamente perder a lo grande. La tolerancia al riesgo que tenga estará determinada del objetivo por el cual usted está operando.

Su estilo como inversor puede estar caracterizado tanto como agresivo, moderado o conservador; incluso los inversores agresivos tienen bases estables de valores que no representan un riesgo, lo que les permite tomar considerables oportunidades.

Objetivos

Como inversor se está esforzando por alcanzar uno de los tres objetivos que vienen con cada oportunidad: ingreso, crecimiento o seguridad. Ingreso se refiere al tipo de dinero que parece hacerse a sí mismo, como los intereses que le genera un bono. Crecimiento es específicamente el crecimiento de capital que ocurre cuando incrementa el valor, esto ocurre cuando las acciones son vendidas a un precio mayor del que fueron compradas. Seguridad resulta de los valores que no generan muchas ganancias pero que son probable se mantengan ilesas ante una crisis, como los billetes del tesoro o los certificados de depósito.

Cualquiera que sea su objetivo, estará determinado generalmente por sus metas financieras y los factores en su vida que influencien su tolerancia al riesgo.

Cuando considere oportunidades de inversión, usted necesita pesar los objetivos y descubrir cuál es prioritario sobre los otros. Logrando un objetivo, como crecimiento, requiere sacrificar otros, ingresos y seguridad. Usted puede lograr ingresos y seguridad, pero perderá la oportunidad del crecimiento de su capital.

Tener un objetivo es importante para determinar una estrategia enfocada. Otras consideraciones como reducir sus costos de impuestos o tener bienes pueden ser fácilmente agregado pues es secundario al objetivo general.

Capítulo 1: ¿Cómo hacer una inversión exitosa?

En este apartado, se verán las estrategias de inversiones exitosas para toda la vida que le proveerán el perfil básico para sus comienzos como inversor. Como haga sus inversiones dependerá de la tolerancia que tenga al riesgo; si usted es conservador preferirá estructurar una cartera con bastantes bonos y equivalentes de efectivo, que son de lento retorno pero estables; si usted está interesado en los riesgos, buscará acciones que tengan potencial crecimiento y bonos de alto rendimiento que paguen cupones más altos, pero son más riesgosos.

La línea de tiempo de su cartera también tiene impacto en como la estructura. La línea de tiempo que utilice para planear sus inversiones es llamada "su horizonte de inversiones". La estructura de su cartera necesita de evaluaciones regulares, usted querrá cambiar cómo asigna sus inversiones dependiendo de dónde esté en la vida: si usted apenas está empezando a invertir puede permitirse el invertir muchos de sus fondos en acciones porque tiene una carrera por delante para despojarse de esas acciones; si usted invierte cerca de su jubilación, serán más lógicas las inversiones más conservadoras porque usted no tendrá suficiente tiempo para recuperarse ante un mercado volátil.

La llave para el suceso en sus inversiones en general es el concepto de compromiso. Usted debe estar preparado para revisar constantemente y poner consistentemente trabajo en la gestión de sus inversiones, inclusive como un inversor pasivo.

Páguese Primero

Una de las primeras cosas que le dirá cualquier asesor financiero es que realice este principio. "Pagarse primero" significa que debe guardar sus ahorros antes que nada; ahorre antes de pagar sus deudas y pagos de manutención, de otra manera para el momento que se acerque el fin de mes es probable que no haya hecho el esfuerzo por ahorrar dinero y no tenga nada para invertir.

Además de pagarse primero y apartar ahorros para inversiones, usted siempre debe estar seguro de tener entre 3 a 6 meses equivalentes a gastos de vida a su alcance, así en el caso de una emergencia financiera deberá tener estos fondos como recurso, esto lo protegerá de tener que sacar sus inversiones en una emergencia.

Para ser capaz de ahorrar su dinero para inversiones deberá gastar menos dinero del que gana; un presupuesto cuidadoso es necesario para asegurar que usted está en las condiciones correctas para poner aparte fondos extras.

El principio del interés compuesto

El interés compuesto es importante para entender en términos de inversión a largo plazo porque puede agregar crecimiento significativo a los retornos de su inversión.

Adicionalmente, es importante entender el contexto de las inversiones como practica general. El interés compuesto es el interés en la cantidad de dinero que ahorró inicialmente, el principal, y también en el interés que ha ganado. Es el valor del interés acumulado por encima del interés; en cierto sentido, su interés aumenta exponencialmente. Por esta razón es prudente no retirar el interés que ha ganado de una inversión, si lo guarda usted puede obtener ganancias mayores a largo plazo del crecimiento exponencial de sus intereses.

El principio de Pareto

Este principio fue acuñado por el erudito Joseph Juran y lleva el nombre del economista Vilfredo Pareto. Pareto observó una proporción de 80/20 en su nativa Italia, notó que el 80% de la tierra pertenecía a un 20% de terratenientes. Puede servir para describir muchas de las interacciones de la vida diaria, pero tiene un poder particular cuando se aplica a finanzas y negocios.

El significado esencial del Principio de Pareto se deriva de una proporción de 80/20, en pocas palabras, el 20% de las causas provocan el 80% de los efectos. El Principio de Pareto no es necesariamente exacto, pero describe un principio crucial en casi todos los trabajos que hacemos: de la desigualdad.

Esto aplica a inversores de muchas maneras, particularmente con respecto a su proceso. Buscar oportunidades de inversión toma bastante tiempo, podrá encontrarse a sí mismo frustrado por el esfuerzo que está haciendo, el 80% del tiempo que pase haciendo investigaciones podría darle solo el 20% de probabilidad de encontrar una buena oportunidad. El 80% de las inversiones que encuentre podría solamente generarle un 20% general de ganancias que haga; sin embargo, eso también significa que el 20% de sus inversiones pueden resultar en 80% de ganancias.

Comprar y retener

Esta es una de las estrategias más básicas y de confianza en el mercado. Usted compra acciones y las retiene lo más que pueda. Para inversores que no tienen el conocimiento estratégico que el que tiene alguien con gran experiencia en el mercado, ésta no es una mala idea para involucrarse; sin embargo, los inversores corren el riesgo de retener acciones que ya han pasado su nivel de rentabilidad, por lo que es necesario evaluaciones anuales.

Diversificación

Todos están conscientes del peligro de las inversiones. La más reciente recesión de la economía global aún está fresca en la mente de las personas; sin embargo, estos peligros no deberían ser inconvenientes. Con una cartera sabiamente diversa, usted puede proteger sus ingresos de las inconstancias del mercado. Hay pocas formas de protegerse activamente del lado riesgoso de las inversiones, una de las estrategias es tener una diversificación de sus inversiones. En las finanzas no existen las garantías, pero la diversificación es una de las formas más efectivas de reducir el riesgo que afronta.

Diversificar significar invertir en múltiples mercados. Digamos que usted tiene una cartera que fue hecha completamente de acciones en una compañía de automóviles; si esa compañía tiene un escándalo de ingeniería y tiene que emitir retiros masivos, el valor de la acción caerá y afectará su cartera irremediablemente. Ahora, si usted invierte en una compañía de autobuses, usted no será golpeado tan duramente, no obstante, usted aún podrá sentir los efectos en sus acciones en la compañía de autobuses porque existe una correlación entre compañías de la misma industria cuando una está sujeta al daño.

Es mejor si usted invierte en una industria fuera de la automovilística, no estará en peligro de ser destruido por los peligros que afronta la industria del transporte. Entre más diversas sean las industrias mejor.

En las inversiones usted querrá lograr las menos correlaciones posibles. Entre menos relación tengan mejor, usted puede ir más allá de la industria, pues invertir en diferentes países y mercados podría fomentar la reducción de ciertos riesgos.

Usted también debe tener un surtido diverso de activos en su cartera. Los diferentes tipos de bienes reaccionan diferente a los cambios de los mercados. Tener variedad le permite a su cartera flexibilidad al lidiar con los eventos del mercado porque no todas se agotarán o experimentaran un rápido crecimiento de una vez.

Existe un debate sobre si uno debe mantener efectivo en su cartera. Existe el argumento de que el efectivo es dinero que usted noestá poniendo a trabajar; esto es verdad de alguna manera, efectivo y equivalentes de efectivo no le proporcionan ganancias significativas; sin embargo, generalmente es útil tener dinero porque estará disponible inmediatamente para inversiones en el caso de una nueva oportunidad.

Los inversores más exitosos usualmente tienen más de la mitad de sus tenencias en efectivo. Si se llegase a presentar una oportunidad de negocio, pero todos sus fondos estuviesen atados a inversiones que no pueden ser despojadas fácilmente, esto podría significar que su cartera estaba carente en liquidez y podría perder una gran oportunidad debido a esto. De igual forma, sería poco sabio sacar de su fondo de emergencia porque estos fondos están hechos para protegerlo en caso de perder su trabajo. Por supuesto, esto depende del horizonte financiero que tenga —si está planeando jubilarse pronto y no desea invertir en muchas nuevas oportunidades, mantener el dinero a la mano podría no hacerle bien.

El dinero puede ayudarle a ser más flexible. En el caso de una recesión del mercado, usted podría estar en peligro si todas sus inversiones están en acciones y bonos porque tendrá que gastar su dinero en ellos cuando sean más caros. Cuando la volatilidad hace caer al mercado, las acciones están en su precio más barato. Este puede ser el mejor tipo de trato que pueda obtener y tener dinero a la mano para estas situaciones en su cartera le da una ventaja.

Inversión de dividendos

Inversión de dividendos es una opción atractiva para las personas interesadas en comprar una acción. Un dividendo es una cantidad de las ganancias generales de una compañía pagadas a aquellos que sean dueños de acciones. Los dividendos no son emitidos por todas las compañías. Nuevas empresas o las de tecnología son muy poco probable que ofrezcan dividendos porque las ganancias generalmente son puestas inmediatamente de nuevo dentro de la compañía para llenar el negocio y crear productos adicionales.

No todas las industrias se prestan a emitir dividendos. Las compañías de gran madurez son las que usualmente pagan dividendos, por lo general son lo suficientemente estables para mantener un crecimiento a largo plazo. Las compañías usualmente aumentan el pago de dividendos anualmente para sus accionistas más leales. Los dividendos parecen ser buenas inversiones para personas que están buscando construir sus riquezas durante más tiempo, lo que significa que tienen un largo horizonte.

Los dividendos se vuelven particularmente poderosos cuando están compuestos. La composición, como lo discutimos anteriormente con respecto a los intereses, también puede ser aplicada a los dividendos de inversión, pues en estos, las ganancias de las pagas de los dividendos pueden ser usadas para comprar más dividendos, por lo tanto, las ganancias por las inversiones son usadas para obtener más ganancias de la inversión inicial.

Después de un largo periodo de tiempo esto puede llevar a ganancias significativas, mientras deje los fondos de sus inversiones iniciales seguras y sin tocar. Esto requiere el compromiso de hacer la inversión inicial y no es tan rápido como el proceso de acciones de alto riesgo que ofrece un inmediato crecimiento potencial. Con el horizonte correcto de inversiones, los dividendos de inversión son una excelente manera de construir riqueza. Muchas compañías ofrecen planes de reinversión para simplificar el proceso, lo cual es ventajoso tanto para la compañía como para el inversor.

Nunca invierta en lo que no entiende

Si la compañía en la que está considerando invertir no parece que le va generar dinero, deberá hacer más investigaciones para ver si de hecho es una inversión de confianza. Generalmente hay muchos enfoques para invertir. Puede ser tentador desviarse al tratar de probar todos los métodos posibles para hacer estrategias en sus inversiones; sin embargo, un enfoque más sensato al invertir es centrarse en una estrategia en particular.

Hay tanta información disponible sobre inversiones que puede ser verdaderamente abrumador. Al principio le dará curiosidad probar todo; hay muchas formas de mirar cada inversión. Sin la experiencia que pueda guiarlo, usted podría desperdiciar mucho tiempo en errores de novato. A menudo el dinero se pierde en inversiones desinformadas, la mejor cosa que puede hacer es dedicarse a dominar un enfoque a la vez. Encuentre una propuesta que haya sido probada y exitosa; por ejemplo, confiar en el Principio de Pareto en las inversiones cuando construya su cartera.

Una vez que haya tenido éxito, tendrá una sólida base de fondos para operar y usted flotará en la confianza de ese primer éxito. A partir de ahí le será fácil entender el ángulo en el que desea enfocar sus inversiones.

Capítulo 2: Automatizando y organizando su negocio de inversiones

Cuando está en el proceso de decidir cómo hacer su primera inversión, se podría dar cuenta que no hay una sola respuesta para la pregunta: "¿cuál es la cartera perfecta?", todo depende fuertemente de sus metas personales, horizonte y tolerancia al riesgo.

Asignaciones de activo

Antes de que empiece a trabajar con acciones específicas, bonos y fondos para invertir, es mejor empezar analizando qué tipo de asignaciones de activo le servirá mejor a sus propósitos. Las asignaciones de activos son una forma de organizar su cartera permitiendo que haya suficiente diversidad para balancear el riesgo que afrontar.

Invertir es mucho más que sí tiene o no acciones codiciadas en Apple, las estrategias son mucho más que compañías individuales. Teniendo activos en bonos, acciones, bienes raíces, negocios y efectivo, significa que sus inversiones se han propagado tanto que podrían responder diferente ante los cambios del mercado.

Como se mencionó en la introducción sobre los vehículos de inversión, las variadas clases de bienes se comportan diferente a lo largo del tiempo. Algunas alcanzan la madurez luego de grandes periodos de tiempo, como los bonos, por su lado, las bienes raíces no cambian drásticamente en valor a menos que se coloquen estratégicamente. Dependiendo del tipo de acciones que usted tenga, la expectativa al crecimiento cambiará.

Por esta razón es útil tener sus activos diversificados para dar cuenta de una gran variedad de patrones de crecimiento. Es tentador y se ve lógico al inicio de su carrera como inversor querer esforzarse por las inversiones que tengan mayor tasa de rendimiento; sin embargo, este enfoque ha probado ser peligroso en las recesiones pasadas. Invertir en acciones con el mayor rendimiento ha probado ser una desventaja en esas ocasiones.

Las asignaciones de activos tratan de evitar ese riesgo. Proporcionan equilibrio, las acciones que tienen mucho crecimiento podrían ser moderadas por las que no crecen rápidamente. Cuando una perdida es significante, se puede contabilizar gracias a los más lentos pero confiables ingresos que provienen de las inversiones menos riesgosas.

Cómo asigne sus activos exactamente diferirá de persona a persona. Dependerá de factores como la edad; las acciones más riesgosas son mejores para personas que tienen más tiempo para recuperarse en sus carreras financieras. Incluso los inversores por temporadas, cuando se acerca su jubilación, son aconsejados de seguir opciones como bonos, que están menos sujetos a la volatilidad del mercado, aunque también depende de la tolerancia al riesgo.

Generalmente hablando, como un inversor joven, uno podría enfocar la mayoría de sus activos en acciones que probablemente crecerán con el tiempo. Los bonos y el efectivo son menos importantes, no obstante, son necesarios para la estabilidad y resistencia en tiempos de volatilidad. Los inversores más viejos deberán mover sus activos hacia bonos y reducir sus inversiones en acciones que no están haciendo tanto como las más rentables.

Para la edad de retiro, los inversores deberán cambiar sus asignaciones haciendo que más de sus recursos entes en efectivo y menos estén en bonos y acciones; esto se debe a que los bonos de las primeras inversiones habrán alcanzado madurez y es prudente que las ganancias de los esfuerzos anteriores se mantengan en efectivo para que no estén sujetas a la volatilidad del mercado y estén disponibles para los gastos de la jubilación.

Reequilibrio

La llave para la asignación de sus activos es monitorearlas por un año; la asignación con la que inicie no será necesariamente la que podría tener a la mitad del año, puesto que mantener la asignación estable es su principal meta a largo plazo, se requerirá de análisis y ajustes para regresarla a su balance original de acuerdo con la práctica de riesgo/retorno del inversor; esta práctica es conocida como "reequilibrio" porque los inversores usualmente pierden el equilibrio en inversiones riesgosas en vez de mantener el equilibrio con inversiones de bajo riesgo.

Reequilibrar por lo general requiere que los inversores se deshagan de sus altos precios y de bajo valor. Los activos resultantes de estas ventas son usados para invertir en valores de bajo precio y alto valor o en valores que son menos populares en ese momento. Esto amortigua la cartera de los inversores y les abre nuevas oportunidades en el futuro.

Pareciera lo contrario al instinto de un inversor porque requiere que se deshaga de algunas de sus mejores ganancias en inversiones a su favor por aquellas que se demuestran no tan bien. En cuanto a esto, es oportuno mantener el Principio de Pareto en mente: solo el 20% de sus inversiones le devolverán el 80% en ganancias; así que a la larga, no se verá dañado por dejar esas acciones de altas ganancias. Reequilibrar su cartera le ayudará a cumplir su plan financiero.

Automatización

Invertir puede convertirse en algo fácil luego de los primeros desafíos si usted elige automatizar servicios. Es una ventaja particular para los inversores en vista del Principio de Pareto porque requiere que usted trabaje menos con el fin de alcanzar mayor ganancia. Usted invierte menos de su atención y cosecha los beneficios de eso. Históricamente, usted está en gran ventaja si comienza a invertir ahora, eso es porque con los recientes avances en tecnología, automatizar sus inversiones es más fácil que nunca.

Los servicios de automatización de inversión construyen su cartera y se preocupan por invertir para usted. La automatización tiene muchas ventajas para los nuevos inversores. Una de ellas es que es menos costoso que ver a un asesor financiero, la mayoría de estos asesores tienen un mínimo tamaño de cartera requerida para que pueda acceder a sus servicios; con la automatización, existen algunos servicios que no tienen un requerimiento mínimo. Los pequeños inversores son elegibles para participar y beneficiarse.

Hay importantes diferencias entre las firmas de inversiones automatizadas. Usted deberá considerar los siguientes aspectos en los que difieran la mayoría de las firmas:

- Cuotas anuales.
- Deposito mínimo – Dependiendo del servicio, difiere el valor mínimo requerido de su cartera.
- Asignación de activos – Cómo ellos invierten sus activos depende de su propia formula y cómo usted respondió a su consulta de

evaluación de riesgos.

- Soporte de tipo de cuenta – A medida individual o más general.
- Nivel de automatización – Algunos servicios requieren participación humana, mientras otras son completamente automatizadas.
- Optimización de impuestos – Diferentes opciones para servicios que se encargan de impuestos como Recolección de Pérdida de Impuestos.
- Administración de activos- Qué porción de los activos esta en las manos del servicio.
- Custodia de fondos – En algunos casos las compañías tienen control directo sobre los fondos, en otras usted simplemente recibe avisos de comercio.

Quizás es el costo lo más importante en su consideración sobre qué servicio de automatización elegir. Los servicios de automatización cobran no solo por su servicio, sino por las tarifas que se pueden encontrar al intercambiar sus activos o comprar nuevos.

El servicio de automatización puede servirle bien, pero será difícil que satisfaga exactamente la naturaleza de sus necesidades. Los softwares no necesariamente consideran sus necesidades como inversor. Una de las cosas de las que debe ser cauteloso es como el servicio de automatización calcula el riesgo.

A menudo, es más probable que le den un perfil de riesgo que no direccione sus necesidades actuales; por esta razón deberá ser escéptico antes de usar un servicio de automatización, calcular su perfil de riesgo de antemano y saber que expectativa tener antes de usar un algoritmo de servicio automatizado. Gran parte de las facilidades ofrecidas por firmas de inversión automatizadas pueden cumplirse con inversiones de fondos mutuos, si usted está buscando ganancias con inversiones de largo plazo; sin embargo, aún si, los gerentes profesionales también son humanos y es probable que ellos no siempre sepan qué es lo mejor para usted. Evite poner mucha confianza en gerentes, también así puede perder oportunidades. Los inversores más exitosos hacen sus propias investigaciones con el fin de cumplir sus planes. Usted está en control de su propio futuro financiero.

Organizando sus inversiones con el Principio de Pareto

Hay diferentes maneras de aplicar el Principio de Pareto en sus inversiones. La regla generalmente entendida dice que el 20% de su cartera contribuirá al 80% de su crecimiento. Alternamente, el 20% de su cartera puede ser responsable del 80% de sus pérdidas.

Al construir su cartera puede utilizar este método para invertir el 80% de sus activos en vehículos de bajo riesgo o que no sean particularmente volátiles, así como fondos indexados, letras del tesoro u otros equivalentes de efectivos; el otro 20% de sus activos podrán ser invertidos en acciones en crecimiento u otras inversiones de riesgo.

Esto requiere que usted descubra cuáles de sus activos en su cartera forman parte del 20% que es más efectivamente rentable. El Principio de Pareto funciona exponencialmente, si usted toma el 20% de su perfil que constituye el 20% de sus inversiones más efectivas, usted está maximizando el potencial que tiene para ganar con un crecimiento concentrado. Al utilizar el Principio de Pareto para clasificar las inversiones más poderosas que tenga, podrá identificar mejor las oportunidades de las que tiene más posibilidades de obtener ganancias.

Capítulo 3: ¿Por qué la mayoría de la gente lucha por sacar lucro de las inversiones?

Como se mencionó anteriormente, el mercado no es un lugar para jugar. Usted debe hacer decisiones informadas sobre dónde invertir su dinero antes de tomar la oportunidad. Esta es la razón por la que es crítico que investigue a fondo la compañía en la que planea invertir.

Mucha gente se deja encantar por los esquemas de "hágase rico rápidamente" que le prometen un gran retorno de sus inversiones en un corto periodo de tiempo. El principio de riesgo-retorno juego un rol en estas decisiones y es la falta de entendimiento de cómo evaluar apropiadamente el nivel de riesgo sobre el retorno lo que puede llevar a la ruina a muchos inversores.

Entre más alto sea el riesgo de una inversión, el retorno de la inversión tiende a ser más alto. Se necesita de un ojo entrenado para entender los matices de inversiones riesgosas, que es donde muchas personas hacen mal.Otra cosa que las personas fallan en tener en cuenta es el principio de interés compuesto. Usted puede hacer considerablemente más ganancias si no saca el dinero que ha ganado a través del ahorro. Muchas personas sacarán las ganancias obtenidas de su primera inversión exitosa, en vez de ahorrarla para tomar ventaja de la composición, ellos invierten más. Esto es dañino para las ganancias rentables a largo plazo y debe evitarse en la práctica.

No tener un plan A

Es esencial que tenga un plan antes de iniciar a invertir. Esta es la única forma de que pueda medir su progreso, así como de ajustar su cartera en el futuro. Sin un plan, usted pasará por tiempos difíciles tomando decisiones sobre sus inversiones.

Simplemente queriendo "golpear el mercado" no es suficiente dirección para construir una carrera de inversionista. Hay tantas opciones cuando se trata de inversiones, un plan le ayudará a reducirlas a un campo manejable y protegerlo de abrumarse.

Tener un plan financiero lo guiará al hacer sus inversiones. Esto significa que debe identificar sus metas: fondos de jubilación, poseer propiedades, pagar por estudios universitarios, son todas metas razonables por las cuales trabajar. Usted deberá identificar los puntos de referencia para medir el progreso que haga respecto a sus metas. Su plan también debe incluir los aspectos críticos de organizar una cartera, como los hemos discutido anteriormente: asignación de activos, riesgo/retorno y diversificación de sus inversiones. A largo plazo, tener este plan es la manera más lógica de invertir, es mucho más probable que sea rentable aque se tache solo.

No hacer suficientes investigaciones

Cuando considere una inversión deberá aplicar una rutina de investigación rigurosa, investigue su bolsa antes de involucrarse, asegúrese de los antecedentes de la bolsa muestren que está calificada y que tenga buenas valoraciones del pasado. La misma precaución se debe aplicar con los asesores de inversiones, usted deberá investigar cada oportunidad de inversión que encuentre.

Este es a menudo el aspecto que más consume tiempo de todo el asunto, pues requiere que identifique los componentes más importantes para usted basados en la composición de su cartera. Las compañías están obligadas a publicar información de sus ganancias regulares, esta información es publicada específicamente para que los inversores puedan hacer decisiones informadas sobre cómo eligen invertir sus fondos.

Si la compañía no está registrada con las organizaciones gubernamentales apropiadas para monitorear sus ganancias, entonces automáticamente es una inversión peligrosa. Tiene que buscar las fuentes para entrenarse correctamente para leer y entender las formas que detallan esta información. Hay muchas herramientas y bases de datos a su disposición para utilizar con el fin de tomar una decisión más informada sobre si la inversión vale el riesgo o no.

No estar preparado para las pérdidas

Parte de tomar riesgos al invertir es reconocer que, sin importar cuan estratégico sea su enfoque, usted lidiará con pérdidas. Como inversor, fallar en prepararse para las pérdidas es uno de los grandes errores que puede cometer. Cada dólar que pierde es un dólar que no podrá usar para construir sus activos, lo que significa que es un dólar que pierde para ganar un futuro retorno; no obstante, debe dar cuenta de ellos.

Esto es por qué la diversificación y las asignaciones de activos son componentes cruciales para su cartera. Al prepararse para la pérdida, también estará psicológicamente más preparado para las consecuencias. Las pérdidas a veces afectan tanto a los inversores en el sentido que se vuelven reacios a hacer otras inversiones y pierden la oportunidad que podría beneficiarlos. Para evitar esta parálisis, entienda este aspecto natural del trato y prepárese para las consecuencias.

Conclusión: Resumen

Involucrarse en inversiones es la mejor forma para prepararse para el futuro, de hecho, se ha vuelto necesario para acumular ahorros adecuados para la jubilación. No es difícil de involucrarse, pero es riesgoso sin los apropiados conocimientos de antecedentes. Estos son algunos de los principales hallazgos en esta guía que le ayudarán a entender los principales componentes de las inversiones:

- Invertir su dinero le ayudará a ganar más exponencialmente al que usted podría obtener con un trabajo normal, siempre que esté en las condiciones financieras para hacerlo.
- Conocer sus metas es esencial para invertir. Tener un plan y conocer sus objetivos para que pueda organizar su cartera como corresponde.
- Invertir es fácil con la ayuda de fondos mutuos y servicios de inversión automatizada, pero usted necesita entender las diferencias entre acciones, bonos y los principios básicos para obtener más de su cartera.
- Cómo asigna sus fondos dependerá de sus metas financieras (planeadas para trabajo, escuela, bienes raíces, jubilación) y de cómo luzca su horizonte de inversiones (¿por cuánto

tiempo planea invertir?)

- Dependiendo de cuánto riesgo esté dispuesto a tolerar en el mercado, es como su cartera lucirá. Entender y calcular riesgos. La mejor forma de proteger sus inversiones de los riesgos es tener inversiones diversas en diferentes industrias y con diferentes clases de activos.
- En cuanto más pronto comience a invertir, más riesgos puede permitirse tener. Uno de los grandes errores que un inversor puede hacer es procrastinar. En cuanto más cerca este de la jubilación, más conservadoras deben ser sus inversiones.
- Entienda sus objetivos antes de hacer una inversión. No puede tenerlo todo, pero determine qué es importante para usted.
- Ahorrar dinero es algo crítico para invertir, no solo para futuras inversiones, al ahorrar el interés que gana de sus inversiones esta incluso componiendo las ganancias para mayores ganancias por venir.
- Usando la regla del 80/20 para administrar su cartera y su inversión en el tiempo, le ayudará a hacer la mejor de sus inversiones. No querrá hacer mucho trabajo por pequeñas ganancias.

- Haga sus investigaciones y prepárese para las pérdidas para que no lo atrapen con la guardia baja.

- Entienda el principio de riesgo/retorno y como se aplica sobre sus metas generales para determinar qué inversión es mejor para usted.